LA
CAMPAGNE DES ANGLAIS EN FRANCE
EN 1373

DU GUESCLIN & LE DUC DE LANCASTRE

PAR

J. TRÉVÉDY

ANCIEN PRÉSIDENT DU TRIBUNAL DE QUIMPER
VICE-PRÉSIDENT DE LA SOCIÉTÉ ARCHÉOLOGIQUE DU FINISTÈRE
ET DE LA COMMISSION HISTORIQUE ET ARCHÉOLOGIQUE DE LA MAYENNE

Extrait des Mémoires de la Société d'Emulation des Côtes-du-Nord.

SAINT-BRIEUC
IMPRIMERIE FRANCISQUE GUYON, LIBRAIRE-ÉDITEUR
rue de la Préfecture, 18
PLIHON & HOMMAY
RENNES, rue Motte-Fablet, RENNES

1906

LA

CAMPAGNE DES ANGLAIS EN FRANCE

EN 1373

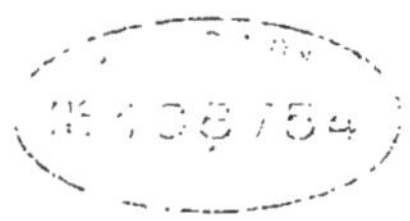

DU GUESCLIN & LE DUC DE LANCASTRE

PAR

J. TRÉVÉDY

ANCIEN PRÉSIDENT DU TRIBUNAL DE QUIMPER
VICE-PRÉSIDENT DE LA SOCIÉTÉ ARCHÉOLOGIQUE DU FINISTÈRE
ET DE LA COMMISSION HISTORIQUE ET ARCHÉOLOGIQUE DE LA MAYENNE

Extrait des Mémoires de la Société d'Emulation des Côtes-du-Nord.

SAINT-BRIEUC
IMPRIMERIE FRANCISQUE GUYON, LIBRAIRE-ÉDITEUR
rue de la Préfecture, 18
PLIHON & HOMMAY
RENNES, rue Motte-Fablet, RENNES

1906

LA CAMPAGNE DES ANGLAIS EN FRANCE en 1373

DU GUESCLIN & LE DUC DE LANCASTRE

Il y aura bientôt deux siècles et demi, Paul Hay, seigneur du Chastelet, faisait imprimer son *Histoire de Bertrand du Guesclin.* Dans son livre VIe, l'historien mentionnait l'expédition d'une armée anglaise commandée par le duc de Lancastre débarquant à Calais et traversant la France pour aller à Bordeaux ; il montrait le Connétable « se mettant aux » trousses des Anglais et faisant si bien qu'il les conduisit » jusqu'à Bordeaux sans qu'ils osassent rien entreprendre (1); » et ils ne purent se mettre en état de donner bataille ».

L'historien ajoute : « Nous avons ici une juste occasion de » nous plaindre encore une fois de la négligence des vieux » historiens qui ont manqué de nous faire le détail d'une » aventure aussi glorieuse et aussi extraordinaire (2) ».

Un de nos vieux historiens a échappé au reproche de Hay du Chastelet : c'est Froissart, que nous interrogerons tout à l'heure. Mais il est vrai que, depuis Hay du Chastelet, pas un historien de France n'a fait un récit détaillé de la campagne de 1373. J'ajoute que ce récit aurait d'autant plus d'intérêt que les dernières phrases de Hay du Chastelet sont à rectifier sur plusieurs points, et que, pour employer son expression, cette « aventure » fut plus glorieuse pour le Connétable et plus extraordinaire que ne le dit son biographe.

(1) Ce mot est inexact, comme nous le verrons.

(2) *Histoire de Bertrand du Guesclin*, connétable de France et des royaumes de Léon, Castille, etc. Dédiée au Roy. Paris, 1666, p. 249-250.

Je n'ai pas la prétention d'écrire en historien, ni en stratégiste, cette campagne mémorable : je ne veux que résumer exactement les chroniqueurs contemporains.

Le premier et le plus considérable est Froissart (1). Selon toute apparence, il a recueilli le récit de quelque officier de l'armée anglaise et des mieux informés (2) : non seulement il nomme beaucoup de chefs anglais (3), mais il entre dans des détails qu'un Français n'a pu lui fournir. Froissart nous permet de suivre les Anglais, comme pas à pas, de Calais à Troyes en Champagne.

Une seconde source d'informations, c'est un *itinéraire* du duc de Bourgogne, frère de Charles V, chargé par lui de harceler l'ennemi. Cet itinéraire prend le duc à Amiens et le conduit jusqu'à Clermont-Ferrant. Mais le duc n'avait atteint les Anglais qu'à Troyes. De ce point jusqu'à Clermont, l'itinéraire marque presque jour par jour la marche et les étapes de l'armée anglaise (4).

Au-delà de Clermont, la route des Anglais est jalonnée par les documents contemporains qu'a recueillis le regretté Luce, le savant éditeur de Froissart; sur la fin, à partir de Sarlat,

(1) Voir Froissart. Ed. Luce, t. VIII, p. LXXXIII-XCII, XCIV à XCVI, XCIX à CIII et p. 147 à 158, 161 à 164, 166 à 171.

(2) Peut-être — simple hypothèse, — l'informateur anglais de Froissart fut-il Edouard Spencer, qui était « de tous ces gens d'armes et de l'host le connétable », (Froissart, VIII, p. 148), et qui était un des protecteurs de Froissard. Luce, t. VIII, p. CIII. Froissart le nomme *Dispensiers*. Il le dit « un des barons de toute Engleterre friche, gentil et vaillant chevalier et grand capitaine de gent d'armes » ; et il le mentionne en plusieurs circonstances. Spencer mourut des fatigues de cette expédition, en novembre 1375, à Cardiff. Luce, VIII, p. CIII.

(3) Je ne relève qu'un de ces noms, celui du vaillant homme que Froissart nomme Henri de Calverlée, et qui se nommait Hugues de Calverly, connu en Bretagne, où il avait combattu pendant toute la guerre de la Succession et qui avait puissamment contribué à la victoire d'Auray. Dès le début de nos guerres (1342) Calverly avait pris et rançonné Redon, alors ville ouverte ; en 1354, il avait été terrassé et fait prisonnier par du Guesclin au combat de Montmuran qui valut la chevalerie à du Guesclin.

(4) Voir Froissart-Luce, t. VIII, p. LXXXI, note 2. « Cet itinéraire de Philippe-le-Hardi a été dressé d'après le Registre B. 1436 des Archives de la Côte-d'Or. »

nous sommes renseignés par un breton, Guillaume de Saint-André, auteur de la *Vie*, en vers, du duc Jean IV (1).

A ces documents, il faut ajouter les *Sommaires* et les curieuses notes de Luce sur le texte de Froissart, qui rectifient quelquefois et plus souvent complètent et éclairent ce texte (2).

*
* *

Le duc de Bretagne, Jean IV, élevé à la cour d'Angleterre, marié une première fois à Marguerite, fille d'Edouard III, et une seconde à Jeanne de Holand, fille du premier mariage de la princesse de Galles, était Anglais de cœur; devenu duc de Bretagne par la grâce du Roi Edouard, resté son obligé pour des sommes considérables, il fut son très humble et obéissant serviteur. Il suivait ses instructions, s'entourait d'officiers anglais, gratifiait quelques-uns de seigneuries bretonnes, et confiait à des Anglais la garde de ses places.

En 1370, à la reprise de la guerre avec l'Angleterre, Charles V s'émut de cette situation ; cependant il se borna à demander au duc de garder la neutralité. Jean IV répondit par des protestations de dévouement ; et, le 3 novembre 1371, il nommait des députés pour discuter les conditions d'un traité avec l'Angleterre. Le 21 février 1372, le duc écrivait deux lettres : dans l'une. il demandait au Roi de France « ses plaisirs et volontés pour les accomplir à son pouvoir ; » — dans la seconde, il assurait le Roi d'Angleterre, « son seigneur et père, de son désir de le servir envers et contre tous, » y compris, bien entendu le Roi de France ! Enfin, le 19 juillet 1372, le duc signait un traité d'alliance offensive et défensive avec Edouard III. Ce traité, qui devait rester secret, reçut un premier acte d'exécution, en septembre suivant : un corps anglais débarqua et s'établit à Saint-Mathieu, auprès de Brest.

Sur quoi, Charles V, se rendant enfin aux prières des Bretons, fit entrer dans le duché du Guesclin et le duc de

(1) Lobineau, *Preuves*, 731-732. Morice, *Pr.*, II, 332-338.

(2) V. Sommaires de Luce, au pied de toutes les pages du t. VIII de Froissart indiquées par des chiffres romains, ci-dessus, p. 4, note 1.

Bourbon. Dans la pensée du Roi, il s'agissait moins de combattre que de reconnaître de façon certaine les dispositions de Jean IV, des barons et des villes. Mais à peine du Guesclin et le duc sont-ils entrés en Bretagne que leurs coureurs saisissent les bagages de la duchesse ; et le duc y trouve l'original du traité de Jean IV avec l'Angleterre.

De ce jour, une expédition fut résolue pour le printemps. En mars 1373, une flotte anglaise, appelée par Jean IV, entrait dans le port de Saint-Malo. Au même moment, du Guesclin achevait la conquête du Poitou (1). Le Roi lui donna l'ordre d'entrer en Bretagne avec le duc de Bourbon. Jean IV abandonné de tous les Bretons, s'embarquait, le 28 avril, pour l'Angleterre à Concarneau ou à Brest.

Après deux mois, du Guesclin avait fait le tour de la Bretagne : reçu avec acclamation dans la plupart des places, obtenant sans beaucoup de résistance la capitulation des autres, il était maître de toutes moins quatre, Brest, Auray où le duc avait laissé la duchesse, Derval et Bécherel.

Edouard III aurait été bien ingrat s'il n'avait pas fait le meilleur accueil à Jean IV exilé. Il le consola, en le nommant « son beau-fils » ; et mieux encore en lui promettant qu'il ne ferait pas la paix avec leur adversaire commun, sans lui assurer la couronne de Bretagne. Jean IV reçut aussi bon accueil des barons anglais et surtout du duc de Lancastre qui, depuis la mort de sa sœur, Marguerite, première femme du duc, lui gardait le nom de beau-frère. A ce moment même, Lancastre préparait une expédition en France ; Jean IV demanda et obtint sans peine l'autorisation d'en faire partie.

*
* *

Le duc de Lancastre et Jean IV débarquèrent à Calais dans le courant de juillet, à la tête d'une armée de 16,000 hommes (2). A peine arrivé en France, le duc de Bretagne fit

(1) Combat et prise de Chivré : 20 ou 30 mars, La Borderie, IV, p. 25.

(2) 16,000 hommes. C'est le chiffre auquel s'est arrêté M. de la Borderie. *Histoire*, t. IV, p. 31. — Suivant ses devanciers, Lobineau et Morice (v. ci-dessous), il avait d'abord dit 30,000 hommes (Conférences de Rennes,

porter au Roi un « défi », comme on disait alors, c'est-à-dire une déclaration de guerre (1).

C'était forfanterie, car Lancastre n'avait pas pour instructions de conquérir une province ou même de prendre une place de France ; il s'agissait de conduire à Bordeaux l'armée qu'il emploierait au printemps de 1374.

S'il fallait en croire d'Argentré ou plutôt quelque chroniqueur copié par lui, Lancastre et Jean IV auraient eu à mener à fin une autre affaire. Le Roi Edouard, dit-il, « singulièrement » leur recommanda de prendre et faire mourir le Connétable » et Clisson qu'il tenait pour ennemis, et quant aux ducs » d'Anjou et de Bourgogne, de les envoyer en Angleterre si » on pouvait les prendre (f° 430, v°) ».

Est-ce calomnier Jean IV que de dire qu'il aurait, sans trop de peine, exécuté la première de ces instructions ? « Clisson était, disait-il, avec du Guesclin celui qui lui avait fait le plus de mal et qu'il désirait le plus tenir en son pouvoir (2) ».

Nous verrons les suites que reçurent et les menaces de Jean IV au Roi Charles V, et les instructions données par le

t. III, p. 17). — Le nombre de 16,000 est à peu près indiqué par Froissart. (Ed. Luce, t. VIII, p. 148). Il dit, il est vrai 11,000 ; mais décompose ainsi ce chiffre : « 3,000 hommes d'armes, 6,000 archers et 2,000 autres gens, » c'est-à dire gens de services, charpentiers et gens de tous métiers. »

Mais il faut remarquer que chaque homme d'armes est d'ordinaire accompagné d'un valet d'armes et d'un coustilleur.

3,000 hommes d'armes (ou 3,000 lances) font donc une troupe de 9,000 hommes environ. A 9,000 ajoutez les chiffres 6,000 et 2,000 donnés par Froissart, nous arrivons à 17,000 hommees.

D'autres auteurs ont écrit : 15,000 (Chron. de Saint-Brieuc, Morice. *Pr.* I, 1,300). 13,000 (Le Baud, *Hist.* p. 349). 30,000 (d'Argentré, *Hist.*, éd. de 1588, f° 430, v°). Lobineau qui le suit, *Hist.*, p. 409 ; Morice, qui copie Lobineau, *Hist.*, II, p. 348.

D'Argentré admet le chiffre de 13,000 hommes débarqués et il ajoute : des 30,000 « bonne part s'étaient rendus à eux à leur descente à Calais ». f° 431, v°. Cette « bonne part » serait 17,000 hommes. — D'où Lancastre aurait-il tiré tant de monde ?

(1) Morice. *Pr.* II, 67. Nous en parlerons plus loin.

(2) Paroles de Jean IV quand il quitta follement le siège très avancé de la Tour de Cesson pour aller combattre Clisson, Rohan et autres à Quimperlé. Juin 1375, Froissart, VIII, p. 205. La Borderie, *Hist.* IV, p. 37-38.

Roi d'Angleterre aux ducs de Lancastre et de Bretagne ; mais auparavant donnons quelques détails sur l'organisation de l'armée d'invasion.

*
* *

L'armée marchera en trois corps : le premier commandé par les maréchaux, le second où se tiennent les deux ducs, le troisième comprenant « le charroi, » c'est-à-dire les bagages, notamment un équipage de pont « avec une compagnie de charpentiers, et des hommes de tous métiers ». « Le charroi » contient une grande abondance de vivres. L'arrière-garde est commandée par le connétable de l'armée, Edouard Spencer.

L'armée ne marche pas vite ; elle fait seulement trois lieues, quatre au plus par jour (c'est-à-dire 12 ou 16 kilomètres). Chaque soir, de bonne heure, vers quatre heures (1), les trois corps s'arrêtent, chacun d'eux se maintenant en contact avec les deux autres. De temps en temps, l'armée prend un repos de un, deux ou même trois jours, quand elle se trouve en pays plantureux ; en ces mêmes pays, elle fait quelques crochets. Ses lignes s'allongent sur cinq et six lieues ; et le pillage est organisé avec ensemble sur ce vaste espace. Le moment est propice, la récolte est faite, les greniers sont pleins. Sous la menace d'incendie, les fourrageurs obtiennent tout ce qu'ils veulent : bœufs, moutons, vin et pain. Les Anglais vont vivre « comme Anglais ont accoutumé de vivre en France (2) », c'est-à-dire en gloutons. Mais ils épargnent leurs provisions de bouche, qu'ils trouveront plus tard.

Lancastre ne pouvait tenter d'aller en ligne à peu près droite à Bordeaux en traversant l'Artois, la Picardie, la Normandie, le Maine, l'Orléanais, la Touraine, le Poitou et l'An-

(1) Nous verrons plus loin l'armée camper à cette heure, le 1er septembre, quand le soleil se couche à 6 heures 43 minutes.

(2) L'expression est de Jean du Matz, seigneur de Terchant et de Montmartin, calviniste qui combattait avec les Anglais dans les guerres de la Ligue en Bretagne. Mémoires dans D. Morice, *Hist.*. t. II, p. CCXCVII. — Plus loin il écrit : « Ils mouraient victime de leur intempérance... Cette nation, bien que courageuse, est de fort peu de durée en campagne. » P. CCXCIX.

goumois. Comment aurait-il franchi la Seine un peu au-dessus de Rouen et la Loire vers Tours ? Il allait prendre un long détour par la Champagne.

Il avait ainsi marqué sa route. Il ira de Calais à Sens. Là, passant l'Yonne, il prendra par l'Orléanais, le Berry, la Marche, le Limousin et entrera dans le Périgord vers le nord-est, par Nontron. La plupart des places du Périgord étaient aux Anglais, sauf pourtant Périgueux qui s'était rendu à la France en 1368. Mais, évitant cette place, l'armée anglaise traversant le Périgord, arrivait à Bergerac, place anglaise, très forte, avec un pont sur la Dordogne donnant accès dans le Bordelais.

En suivant cette route, l'armée anglaise avait à faire environ 120 lieues de Calais à Sens et un peu moins de Sens à l'entrée du Périgord, en tout 220 lieues. Que l'armée fît seulement une traite de cinq lieues par journée, avec quelques jours de repos, il lui suffisait d'un mois pour aller à Sens ; et elle mettrait moins de temps pour atteindre le Périgord. Lancastre, partant le 3 août de Calais, pouvait se promettre d'être au terme avant le 1er octobre.

Mais il faut tout prévoir : qu'un orage grossisse une des rivières, que l'armée soit contrainte de la remonter, elle aura un détour à faire ; toutefois, la route ne sera allongée que de quelques lieues et les retards résultant de ces crochets, dussent-ils être de deux semaines — c'est beaucoup — l'armée sera dans le Périgord, en pays anglais, vers le milieu d'octobre, avant la mauvaise saison.

Le passage des rivières devait surtout préoccuper le duc de Lancastre. La plupart des ponts étaient dans des villes closes, qui ne s'ouvriraient pas devant lui : il avait sagement marqué sa route.

Avant d'arriver à Sens, il avait à passer la Somme à Bray-sur-Somme, l'Aisne vers Soissons, la Marne à Château-Thierry, la Seine et l'Aube réunies vers Nogent-sur-Seine. L'Yonne passée à Sens, il restera à passer la Loire, vers Gien ou Châtillon ; et, ce fleuve franchi, le Cher vers Bourges, la Creuse vers Guéret, la Vienne vers Limoges ne seront pas de sérieux obstacles.

Le mois d'août est la saison des basses eaux ; et le temps était bien choisi. A deux conditions pourtant, une qui dépendait du duc de Lancastre, et l'autre du Roi et des Français.

La première condition c'est de marcher vite, sans se détourner de la route directe pour piller, et sans s'arrêter pour assiéger inutilement des places que l'armée ne prétend pas garder.

La seconde condition c'est que la France ne soit pas prête à repousser l'envahisseur et ne puisse s'opposer efficacement au passage de l'armée.

Nous allons suivre les envahisseurs marchant ainsi, contournant d'ordinaire les places fortes, perdant le temps devant quelques-unes sans les prendre, pillant sans pitié le « plat pays, » les abbayes et les villes ouvertes, harcelés dès leurs premiers pas par les chevaliers et hommes d'armes des pays qu'ils traversent, et dont le nombre augmente à mesure que l'envahisseur avance. Ces hommes de guerre s'enferment dans les places menacées pour les défendre, et reprennent la poursuite quand l'ennemi laisse ces places derrière lui ; ils le contraignent ainsi à resserrer ses lignes ; mais ils ne peuvent faire davantage ; et, maudissant leur impuissance, ils appellent à grands cris l'armée royale.

***

Cette invasion surprenait le Roi et la France.

Le Roi avait alors en Bretagne une armée commandée par le Connétable et le duc de Bourbon (1). Suivant Froissart, l'armée de Bretagne aurait compté « 4,000 lances, chevaliers et écuyers et bien dix mille d'autres gens (2) ». Ce chiffre n'est-il pas exagéré ? Qu'était-il besoin de tant de monde,

(1) Louis II, dit le *bon*, duc de Bourbon, nommé ci-dessus, p. 6, n'était pas, comme je l'ai lu, frère de Charles V. Il était le troisième descendant de Robert, sixième fils de Saint Louis, comte de Clermont, qui épousa Béatrix, héritière de Bourbon. Les frères de Charles V étaient : Louis, duc d'Anjou, Jean, duc de Berry, Philippe, dit le *hardi* duc de Bourgogne.

Le duc de Bourbon fut chargé avec eux de la tutelle de Charles VI ; de là peut être l'erreur signalée plus haut.

(2) La Borderie, t. IV, p. 25. Froissart-Luce, t. VIII, p. 124.

quand les Français, appelés par les Bretons, étaient accueillis comme des libérateurs ? Mais il fallait qu'une partie au moins des troupes royales restât en Bretagne, puisque quatre places étaient encore occupées par les Anglais.

D'autre part, le Roi avait en Languedoc 2,000 hommes d'armes et 500 archers aux ordres de son frère Louis, duc d'Anjou, lieutenant du Roi en Languedoc, et de Jean de Bueil, sénéchal de Beaucaire et Nîmes... (1). Mais le Languedoc était bien loin des provinces menacées.

A la nouvelle du débarquement des Anglais, le Roi s'était empressé d'expédier des courriers pour annoncer le danger de proche en proche et prescrire toutes précautions.

Supposant qu'Amiens pouvait attirer l'ennemi, il y avait envoyé son frère le duc de Bourgogne, pour armer la place, et la défendre en cas d'attaque. Le duc y était le 14 juillet.

En même temps, le Roi appelait à Paris le Connétable, Clisson, son frère d'armes (2), le duc de Bourbon, le vicomte de Rohan (3). Il appelait même son frère le duc d'Anjou et Jean de Bueil, du Languedoc. Ils arriveront bientôt et bien accompagnés (4). D'autres seigneurs viennent aussi à l'appel du Roi, notamment le comte d'Alençon (5).

(1) Jean III de Bueil Sgr de Montrésor, lieutenant du duc d'Anjou aux provinces d'Anjou, de Touraine et de Maine, sénéchal de Toulouse (1375) mort vers 1390.

(2) Voir le curieux acte qui les fait *frères d'armes*, 23 octobre 1370. Morice. *Pr.* I, 1642-1643. Du Guesclin prend, comme d'ordinaire, le titre de duc de Molines. Voir lettres du roi de Castille, etc. (Morice. *Pr.* I, 1628-1629) datées : « Séville, le IVe jour de mai, mil quatre cents et sept ». *Ere d'Espagne*, antérieure à la nôtre de 38 ans et qui fut en usage jusqu'en 1383. La date indiquée répond au 4 mai 1369.

(3) Jean, vicomte de Rohan, qui épousa Jeanne de Léon, devenue héritière de la vicomté de Léon, en 1363, et qui fut père d'Alain VIII qui épousa Béatrix, fille aînée de Clisson.

(4) Le 30 août, de Limeuil (Dordogne) où il passe, le duc d'Anjou ordonne au trésorier de Toulouse le paiement de 2000 hommes d'armes et 500 archers qu'il amène avec Jean de Bueil.

(5) Pierre II, arrière petit-fils de Charles Ier de Valois, petit-fils de saint Louis. Voici la filiation : 1° Philippe *le Hardi* ; 2° Charles Ier ; 3° Charles II ; 4° Pierre II. Il eut pour fils Jean Ier dit *le Sage* (Ier duc) marié à Marie de Bretagne, fille de Jean IV, tué à Azincourt, au moment où sa hache abattait la couronne sur la tête du roi Henri V.

Aux premiers jours de septembre, tous étaient arrivés à Paris, où le roi réunissait un conseil de guerre, vers le 10 septembre au plus tard (1).

Charles V exposa au conseil les doléances du « plat pays » et des villes ouvertes qui imploraient un prompt secours ; il fit aussi connaître les plaintes et même les reproches des barons, chevaliers et hommes d'armes empressés à porter secours aux pays envahis, mais ne pouvant les secourir efficacement, et disant que c'était une honte « de laisser l'ennemi entrer au « cœur du pays brûlant et pillant sur sa route ».

Après cet exposé, le Roi demanda d'abord l'avis du Connétable. Du Guesclin s'excusa longtemps, ne voulant parler qu'après les princes présents ; mais, tous joignant leurs instances à celles du Roi, il dit : « Sire, ceux qui parlent de » combattre les Anglais (en bataille rangée s'entend), ne » songent pas au péril où une bataille perdue pourrait mettre » le royaume. Je ne veux pas dire qu'il ne faut pas les com- » battre ; mais je dis qu'il nous faut faire comme eux-mêmes » ont trop souvent et trop bien su faire : saisir l'occasion et » attaquer à notre avantage ; » c'est-à-dire quand nous aurons l'avantage du nombre ou de la position.

Cela dit, le Connétable invoque le témoignage et l'avis de Clisson : qui « dit-il, connaît mieux les Anglais que moi, » puisqu'il a autrefois combattu avec eux. »

Le Roi se tournant vers Clisson lui demande son avis. Sans se faire prier, comme avait fait le connétable, Clisson dit : « Le conseil est bon. Les Anglais ont eu de si belles » journées qu'ils ont une confiance absolue en leur force. » Plus ils voient grande effusion de sang des leurs ou des » ennemis, plus ils s'animent au combat. Ils disent que » leur fortune vivra aussi longtemps que leur Roi. Tout » considéré, de mon petit avis je ne conseille pas qu'on les » combatte, si nous ne les trouvons pas en mauvaise situa- » tion (à meschief). Je regarde que les besognes du royaume

(1) Luce, dit *le 10*, p. XCIV, note 1.
Mais ne faudrait-il pas le placer à une date un peu antérieure? Nous verrons le duc de Bourgogne quitter Soissons le 9 et marchant sur Troyes. N'a-il pas déjà reçu les instructions du roi délibérées au conseil de guerre?

» sont maintenant en grand état. Donc, cher sire, si vous » avez eu et cru bon conseil (du Connétable) croyez-le » encore ».

Charles V avait fait Clisson lieutenant du roi dans le Poitou récemment reconquis (1) ; il n'a pas moins de confiance en lui qu'au Connétable lui-même. Son parti est pris de ne risquer une bataille rangée que dans les conditions indiquées plus haut, et de se borner à harceler l'ennemi ; il répond à Clisson : « Je vous charge avec mon Connétable de tout le » faix du royaume, car votre opinion me semble bonne ».

Mais, sûr d'avance de l'assentiment de son frère le duc d'Anjou, le Roi se tournant vers lui : « Et vous, mon frère, qu'en dites-vous ? »

Le duc d'Anjou rend en admiration au Connétable l'affection et la confiance que celui-ci lui montre (2) : « Par ma foi, » sire, répond-il, qui vous conseillerait autrement, vous » conseillerait mal. Nous guerroirons tous les jours les » Anglais, leur enlevant chaque jour du peu qu'ils tiennent au » royaume. Je pense si bien à exploiter avec l'aide de ces » deux compagnons que je vois là (du Guesclin et Clisson) » que ès marches d'Aquitaine et de Haute-Gascogne en peu » de temps on pourra bien compter à peu de chose ce que » les Anglais y tiendront ». Deux ans plus tard, la parole du duc d'Anjou sera une vérité.

J'ai insisté sur ce point : rien ne montre mieux que ce récit de Froissart la confiance unanime montrée à nos « deux compagnons » bretons (3).

Du Guesclin, Clisson, le duc de Bourbon partent aussitôt pour rejoindre le duc de Bourgogne qui a commencé la pour-

(1) Lettre du roi créant Clisson son lieutenant en Poitou, 26 août 1371. Morice, *Pr.* I, 1666, et, dès le *5 septembre*, Clisson faisait acte d'autorité en levant des gens de guerre pour aller au secours de Moncontour. Morice. *Pr.* II, 1666-67.

(2) Du Guesclin demanda au roi la nomination du duc d'Anjou comme lieutenant-général en Bretagne. V. Lettres du roi, 18 octobre 1373. Morice *Pr.* II, 78-79, avec des pouvoirs presque régaliens, même anoblir, faire grâce, etc. Le duc d'Anjou avait épousé Marie de Bretagne-Penthièvre.

(3) Froissart, t. VIII, p. 149.

suite des Anglais avec environ 500 lances (1,500 hommes). Ils joindront les envahisseurs en Champagne.

Maintenant, il nous faut dire la marche de l'armée anglaise de Calais à Troyes.

* * *

L'armée anglaise quitta Calais, le 3 août.

De Calais même ou à son départ, Jean IV s'empressa, comme nous l'avons dit, de dépêcher un héraut pour porter à Charles V une déclaration de guerre. Dans cet acte officiel, écrit de la main de Jean IV, et que le Roi reçut le 8 août (1), le duc affectait « un langage hautain et arrogant » ; mais il ne s'en tint pas là ; « et il fit circuler en Bretagne une version ou paraphrase de cette pièce, où le Roi était traité de fou, scélérat, usurpateur, où le duc le défiait en bataille rangée, et lui déclarait qu'en attendant il allait détruire tout son royaume par le fer et le feu (2) ». Nous verrons plus loin la réponse du Roi (3).

Le premier jour, les Anglais passent devant Guines, Ardres, Ausques, et leurs lignes s'étendent à droite jusqu'à la riche

(1) Hay du Chastelet. *Hist. de Du Guesclin*, p. 452. L'auteur donne le même texte que Lobineau. *Hist.* p. 499.

(2) La Borderie. *Hist.*, p. 31. — L'acte *officiel* a été imprimé par Lobineau. *Hist.*, p. 409. Morice, *Hist.*, I, p. 347. — La seconde pièce n'a pas été imprimée à la *Chron.* de *Saint-Brieuc*, Lobineau, *Pr.* 839. Morice, *Pr.* I, 47. Ils donnent la première phrase, l'adresse très injurieuse pour le roi : «... *Karolo de Valaisio regnum Francie occupanti*...» et ils écrivent : « On laisse le reste de cette lettre que l'auteur a paraphrasée avec trop de passion, et dont on a rapporté l'original ailleurs ».

(3) Luce (VIII, p. LXXXIII, note 1), écrit : « L'armée était arrivée devant Roye lorsque le duc de Bretagne envoya au roi des lettres de défi (déclaration de guerre), qui furent remises à Charles V, le 8 août », et il cite Hay du Chastelet, *Histoire de du Guesclin*, p 452).

Oui, le biographe dit que les lettres furent remises le 8 août ; mais il ne dit pas qu'elles fussent datées de Roye ; et Luce nous dira plus loin (p. LXXXVII, note 5), que les Anglais passèrent la Somme le *19 août*. Or, Roye, est à trente kilom. au-delà ; les Anglais n'ont pu y être que le 20 au plus tôt. Il a été écrit que Jean IV y attendit sept jours la réponse du roi. Nous verrons cela plus loin (Ci-dessous, p. suivante). De là, peut-être la méprise du très savant éditeur de Froissart.

abbaye de Licques ; le second jour (5 août), ils contournent Saint-Omer, et campent le soir, sur le plateau de Helfaut ; le troisième jour (6 août), ils passent près de Thérouanne et arrivent devant Aire « où ils escarmouchent aux barrières. » Puis ils traversent le comté de Saint-Pol, allumant partout l'incendie. A Doullens, ils donnent à la place, qu'ils supposent abondamment pourvue, un rude assaut victorieusement repoussé. Là, se détournant de leur route, ils suivent le chemin d'Arras, jusqu'à l'abbaye de Mont-Saint-Eloy, à deux lieues de la ville. Ils la rançonnent et y passent un jour et deux nuits.

Reposés et repus, ils se remettent en route vers Bray-sur-Somme, où ils passeront la rivière. Nombre de chevaliers et écuyers sont assemblés sur ce point, passage ordinaire des Anglais entrant en France (1). Ils repoussent l'assaut donné à la place ; mais ne peuvent empêcher le passage de la Somme, le 19 août.

Les Anglais marchent vers la ville de Roye, chef-lieu du Vermandois. Ils attaquent la ville qui est presque détruite ; mais l'église récemment fortifiée résiste vigoureusement. Ils s'obstinent, pendant une semaine, à ce siège malencontreux qu'ils devront abandonner.

Un chroniqueur breton, très hostile aux Français, conte que le duc de Bretagne attendit à Roye la réponse au défi qu'il avait fait porter au Roi ; mais que le Roi épouvanté ne répondit pas (2).

Voici un autre récit : Dans sa lettre au Roi, le duc de Bretagne le reniait pour son seigneur, et finissait ainsi : « Je vous tiens et répute mon ennemy, et ne vous devez point merveiller si je vous fais autant de dommage que pourrai... »

Charles V ayant lu cette lettre renvoya le héraut de Jean IV, en lui disant simplement « que son maître aurait pu se dispenser de cette dernière déclaration, sa conduite passée faisant assez clairement connaître ses mauvaises intentions (3) ».

(1) « C'estoit là le passage des Englès, ne oncques ne passèrent en France que ils ne tenissent ce chemin. » Froissart, p. VIII, p. 152.

(2) *Chronique de Saint-Brieuc*. Morice. *Pr.* I, p. 47-48. « *Timor vehemens invasit Regem* », etc. Voir ci-dessus note 2, page précédente.

(3) Hay du Chastelet, p. 249.

Il peut paraître assez vraisemblable que le héraut pût en effet rapporter devant Roye la réponse verbale du Roi au duc de Bretagne.

Après cette semaine perdue, l'armée anglaise (26 ou 27 août), prit la route de Saint-Quentin (1).

Trouvant sur leur chemin le fort de Nesles, les Anglais l'assiègent ; mais ils sont repoussés. Ce siège fut une circonstance heureuse pour les Français : un espion (2) était entré au service du duc de Lancastre pour surprendre les secrets de l'ennemi ; en sachant assez, il a l'adresse de se faire prendre par les Français. C'est lui sans doute qui révèle la route détournée que vont suivre les Anglais par Saint-Quentin, Laon et Soissons, et leur projet de passer l'Yonne en un point très voisin de Sens, sinon dans un faubourg.

Nul doute que la nouvelle n'ait été aussitôt portée au Roi. Nous allons le voir très exactement informé de la marche que suivra l'armée anglaise.

On s'exagère trop aujourd'hui la lenteur des communications dans ces temps reculés. Nul doute que le roi Charles V n'eût organisé, en 1373, entre son armée et lui, un service de « coureurs à cheval » comme celui qu'il entretint en 1375 entre Paris et la Bretagne.

« Ces coureurs allant et venant jour et nuit apportaient au Roi du jour au lendemain des nouvelles de ce qui se passait à cent ou quatre-vingts-lieues (3) ».

Or, Nesle était assiégé douze jours avant le conseil de guerre tenu à Paris ; le Roi savait donc, avec certitude, la direction suivie par l'ennemi.

(1) A cet endroit, Luce, p. LXXXVIII) écrit : « En quittant *Bray*, les Anglais se dirigent vers Saint-Quentin ». Faute d'impression : il faut lire *Roye*.

(2) Cet habile homme se nommait Guyon Grassis, de Poitiers. M. Luce, p. LXXXVIII, note 1.

(3) Froissart, VIII, p. 210, Luce, VIII, p. CXXV. « Deux chevaliers Anglais, chargés de notifier à Jean IV l'arrangement convenu entre les ducs de Lancastre et d'Anjou, firent telle diligence qu'ils ne mirent que cinq jours pour aller de Bruges à Quimperlé ». — Froissart, p. 211, Luce, CXXVI.

*
* *

Comme nous l'avons dit, le duc de Bourgogne gardait Amiens. Voyant les Anglais laisser cette place derrière eux, et se jugeant plus utile ailleurs, il avait quitté Amiens ; le 17 août, il est à Montdidier, le lendemain à Compiègne ; et, passant devant les Anglais, il arrive le 22 à Soissons où il va les attendre en même temps qu'il attendra les instructions du Roi.

De Calais à Saint-Quentin par Bray-sur-Somme, on compte 208 kil. ou 52 lieues. En ne faisant que trois lieues (12 kil.), par jour, dix-sept journées suffisaient pour effectuer ce trajet.

Mais l'armée anglaise n'a pas suivi la route directe : elle a fait un crochet pour aller de Doullens piller l'abbaye de Mont-Saint-Eloi, et un autre en allant de Bray à Roye pour marcher vers Saint-Quentin : elle a ainsi allongé sa route de 44 kilom., ou 11 lieues (1). Voilà trois journées de marche en plus.

Il faut ajouter une journée employée à l'assaut de Doullens, une journée passée à l'abbaye de Mont-Saint-Eloy, une autre consacrée à l'attaque de Bray, enfin sept jours perdus devant Roye.

L'armée a dû faire, par la route ainsi allongée, environ 15 kil. chaque jour. Suivant sa route directe, en ne faisant que trois

(1) De Calais à Saint-Quentin.

Route directe.		Route suivie par les Anglais	
	—		—
à Guines.......	12		12
à Ardres........	9		9
à Saint-Omer ..	24		24
à Aire.........	18		18
à Saint-Pol....	37		37
à Doullens.....	28		28
		à Mont Saint-Eloy.	27
à Bray........	35	à Bray....... ...	27
		à Roye..........	30
à Saint-Quentin.	45	à Saint-Quentin...	40
	208k.		252 k.
ou 52 lieues.		ou 63 lieues.	

11 lieues de plus.

lieues de 4 kil. par jour, elle devait faire le trajet en 17 jours, et arriver à Saint-Quentin, le 20 au lieu du 31. C'est onze journées qu'elle a perdues. Ce retard lui sera fatal.

Mais l'armée anglaise va de nouveau suivre une route détournée.

***

De Roye à Soissons (1) on compte environ 76 kil. ou 19 lieues, quatre ou cinq jours de route ; mais les Anglais vont faire une route longue de 148 kil. ou 37 lieues. C'est par Saint-Quentin et Laon qu'ils arriveront à Soissons, douze ou treize jours après leur départ de Roye. Voilà encore sept ou huit jours perdus ! En tout 19 ou 20 jours.

Il semble que l'armée anglaise ne pouvait s'arracher aux riches campagnes du Vermandois et de l'Ile-de-France, où elle trouve toutes ressources : elle paiera cher cette abondance.

Partis de Roye, le 26 ou 27 août, les Anglais étaient devant Saint-Quentin, le 31 (45 k.).

De Saint-Quentin l'armée anglaise partit dans la direction de Laon. A quelques lieues, était un fort dit Ribemont. Le capitaine de Saint-Quentin avait envoyé une petite troupe pour le défendre. En chemin, cette troupe rencontre Jean de Bueil arrivant du Languedoc et se hâtant vers Laon dont le Roi l'a fait capitaine (2).

Il prend le commandement, culbute un détachement anglais, surprend leur charroi, tue les hommes d'escorte, fait de nombreux prisonniers, et emmène butin et prisonniers à Ribemont, où il s'enferme.

Ce fait se passait à une heure de l'après-midi. A quatre heures, le gros de l'armée arrive et campe devant Ribemont. Jean de Bueil s'attend à être assiégé. Mais, le lendemain

(1) De Roye, à Soissons, 76 kilom. — 19 lieues.

De Roye	à Saint-Quentin	45
—	à Laon	71
—	à Soissons	32
	37 lieues.	148

(2) Preuve que le roi sait que les Anglais menaceront Laon.

matin, sans essayer de recouvrer leur bagage, de reprendre leurs prisonniers et de venger leurs morts, les Anglais se disposent au départ.

La présence de Jean de Bueil à Ribemont semble un indice de l'arrivée des renforts du Languedoc. Un second et plus grave échec menace les Anglais.

Avant de partir, ils mettent le feu en quelques villages autour de Ribemont, et ils prennent la route de Laon, où Jean de Bueil, quittant Ribemont et prenant des chemins détournés sera avant eux.

A Laon, Lancastre s'établit dans le faubourg de Vaux-sous-Laon ; il va y rester trois jours, parce qu'il trouve abondance de vivres, et peut-être dans l'espoir de provoquer une sortie de la garnison ; mais, fidèle à ses instructions, Jean de Bueil tient obstinément les portes closes.

Ce que voyant, Lancastre prend le chemin de Soissons où, comme nous l'avons vu, le duc de Bourgogne s'est enfermé attendant les décisions prises au conseil de guerre tenu à Paris.

A Soissons, l'armée anglaise est à quarante lieues au plus de Sens. Elle peut y être dans une semaine.

Le 8 septembre, elle prend la route qui, par Château-Thierry et Nogent-sur-Seine, la conduira droit à Sens.

A moitié chemin de Château-Thierry, est un village nommé Oulchi, à 21 kil. de Soissons. Le 9 septembre, de grand matin, Jean de Vienne, le futur amiral, et Jean de Bueil, surprennent les sentinelles d'un détachement anglais. Un sérieux combat s'engage. La plupart des Anglais sont tués ou sont faits prisonniers, au nombre desquels « dix chevaliers de grand état et vingt écuyers ».

La surprise de ce détachement fut une leçon pour les Anglais qui, à partir de ce moment « chevauchèrent mieux ensemble et plus sagement (1) ».

Ce n'est pas assurément cet échec qui détermina Lancastre à quitter la route de Château-Thierry. Mais il aura reconnu l'impossibilité de passer la Marne auprès de cette ville. Il lui faut remonter cette grande rivière. Voilà un sérieux contretemps.

(1) Froissart, VIII, p. 156.

Il est vraisemblable que la Marne est grossie ou par des pluies d'orage ou par les pluies ordinaires de l'équinoxe d'automne venues prématurément. Mais en est-t-il ainsi de l'Aube et de la Seine que Lancastre comptait passer à Nogent-sur-Seine au-dessous de leur confluent ? En ce cas, toutes ses prévisions sont trompées. Combien il peut regretter la lenteur de sa marche entre Calais et Soissons ! Et quels reproches il doit se faire quand il se voit contraint, en quittant Oulchi, de prendre un long détour vers l'Est !

A Oulchi, Lancastre était à 30 lieues de Sens ; il va faire 80 lieues avant de voir les murs de la ville !

Lancastre part d'Oulchi vers Reims sans pourtant aller jusqu'à cette ville (1).

De Reims à Sens s'ouvre, devant les Anglais, une route très directe longue d'environ 130 kilom. ou 33 lieues, passant par Epernay, Sézanne, Nogent-sur-Seine.

L'armée prend cette route, et elle passe la Marne à Epernay. Sens n'est plus qu'à 27 lieues : Même, en faisant de courtes marches par jour, l'armée y sera avant une semaine : qu'elle passe l'Yonne à Sens, elle trouvera, sur la rive gauche, la route du Périgord.

Lancastre est apparemment averti de l'impossibilité de passer à Nogent la Seine grossie de l'Aube. Il va donc remonter l'Aube pour passer les deux rivières l'une après l'autre, au-dessus de leur confluent.

Quittant la route directe de Sens, il prend une route qui, par Vertus (27 kil.), le conduira sur l'Aube, à Plancy (35 ou 40 kil. de Vertus), au-dessous d'Arcis-sur-Aube où il passera la rivière. — Or, au lieu d'aller de Vertus à Plancy, pour une raison que nous ne savons pas, il tourne à l'Est vers Chalons-sur-Marne, sans pourtant aller jusqu'à cette ville, puis faisant un second crochet, il revient sur Plancy où il passe l'Aube. Sa marche est ainsi allongée. De combien de jours ? C'est ce que nous ne savons pas.

(1) C'est dans cette marche que « deux ménétriers du connétable Spencer, originaires de Ypres, s'enfuirent en déserteurs du camp anglais avec leur valet. » Luce, p. XCV, note 1.

A Plancy, il est à 12 kil. de la Seine qui passe à Méry, à 25 kil. au-dessous de Troyes et à 50 kil. de Sens. Le fleuve est-il infranchissable à Méry? Sans doute, puisque Lancastre va le remonter jusqu'à Guy-sur-Seine, en amont de Bar-sur-Seine, à 120 kil. ou 25 lieues de Plancy, à vol d'oiseau. Là il passe la Seine.

Sur sa gauche, s'ouvre une route longue de 30 lieues environ qui, par Tonnerre, conduit à Cosne sur la Loire, à environ dix lieues au-dessus de Gien ; que Lancastre y passe le fleuve, et, sur la rive gauche, il rencontrera vers Sancerre la route du Périgord. Que d'avantages lui assure cette route ! Il n'aura qu'une rivière à passer, il abrégera le chemin, il s'éloignera de l'armée française.

Mais non : Lancastre va descendre la Seine jusqu'à Troyes (9 lieues) pour aller à Sens (16 lieues) plus loin : il va au devant du Connétable de Clisson et des ducs de Bourgogne et de Bourbon (1). Il tient à passer l'Yonne à Sens.

*
* *

Aussitôt après le conseil de guerre du 10 septembre, le Connétable et Clisson « chargés par le roi, du faix du royaume, » quittèrent Paris ensemble ; mais bientôt ils se séparèrent.

(1) Voici les distances des lieux nommés plus haut :

D'Oulchi vers Sens, une route par Château-Thierry, Montmirail, Nogent-sur-Seine, environ 140 kil. ou 35 lieues.

D'Epernay, une route par Sézanne rejoignant la première à Nogent-sur-Seine, 106 kil. ou 25 lieues.

Ne pouvant passer à Nogent, Lancastre, arrivé à Epernay, prend par Vertus pour aller passer l'Aube à Plancy. Voici la route :

D'Oulchi	à Epernay, il a fait au moins...	55 kil.
—	à Vertus...	27
—	à Plancy...	40
—	à Guy-sur-Seine...	120
—	à Troyes...	35
—	à Sens...	64
		341 kil.

Soit 85 lieues, et je donne la route *directe* de Vertus sur Plancy, sans tenir compte du détour vers Chalons-sur-Marne.

Le Connétable courut à Sens où il put être le 12 ou le 13. Clisson marcha vers le duc de Bourgogne qui, sorti de Soissons, poursuivait les Anglais. Clisson rejoignait le duc le 13 septembre à Sezanne (1). Le 15, ils entraient ensemble à Troyes où le duc de Bourbon arrivait aussitôt. Selon toute apparence, le Connétable était resté à Sens.

Clisson et les ducs ont à Troyes une troupe de 1,200 lances, environ 3,600 hommes. Les Anglais arrivent devant Troyes probablement le 21 septembre, et ils vont rester là trois jours.

Deux ou trois jours avant étaient arrivés deux légats que le pape Grégoire XI avait envoyés d'Avignon à Charles V pour négocier la paix. Le Roi les avait renvoyés à Troyes pour entamer des pourparlers d'une part avec le Connétable et Clisson, et, d'autre part, avec les ducs de Lancastre et de Bretagne. Les ducs firent aux légats un accueil respectueux ; mais leur répondirent que les chefs d'armée en Angleterre s'engageaient par serment à n'écouter aucune proposition de paix.

On peut croire que cette réponse, dictée par le devoir, coûtait aux deux ducs. Comment n'auraient-ils pas reconnu le danger de leur situation au milieu de la France, si loin du point de départ et du but ? Ils doivent pressentir la tactique des Français : les harceler chaque jour sans engager une action qui puisse être décisive.

Peut-être pourtant comptèrent-ils que le Connétable, ayant rassemblé certaines forces, se laisserait entraîner à une bataille rangée ? Ainsi s'explique qu'ils restent trois jours entiers devant Troyes. Leurs maraudeurs ravagent, comme à plaisir, les environs, peut-être pour déterminer une sortie. Pendant ce temps, les maréchaux anglais eux-mêmes viennent escarmoucher devant les faubourgs ; le connétable Spencer descend de cheval, et « combat main à main les chevaliers qui sont là ; » mais, les portes de Troyes, comme celles de Laon, restent closes. Comprenant que ces provocations sont inutiles, Lancastre prend la route de Sens (23 ou 24 septembre).

Aussitôt, 2,000 hommes d'armes sortent de Troyes sous les ordres du duc de Bourbon et de Clisson ; ils attaquent les

(1) Luce, p. XCIV, note 1.

Anglais en marche, leur tuent une centaine d'hommes, font cent vingt prisonniers, et continuent la poursuite.

Enfin, l'armée anglaise approche des faubourgs de Sens. Là, Clisson lui tend une embuscade ; elle y tombe et perd 600 hommes.

Or, parvenu avec tant de peine au voisinage de Sens, Lancastre change de plan, et faisant volte-face il va marcher au Sud jusqu'aux confins de l'Auvergne, allongeant sa route d'une cinquantaine de lieues !

Comment expliquer ce changement de front ? Est-ce la perte d'un millier d'hommes tués ou faits prisonniers entre Troyes et Sens qui a pu, comme on l'a dit, déterminer Lancastre à quitter sa route (1) ? — Non, il a fallu un motif plus impérieux.

Lancastre aurait-il reconnu seulement à Sens que les eaux de l'Yonne étaient trop hautes pour que le passage pût être tenté ? Il semble que la hauteur des eaux de la Marne, de l'Aube et de la Seine aurait pu l'avertir de ce danger. N'a-t-il pas eu quelqu'autre surprise ?

Le Connétable est à Sens depuis le 12 ou le 13 septembre ; les Anglais arrivent au faubourg le 25 ; pendant ces onze ou douze jours le Connétable n'est pas resté oisif.

N'aurait-il pas créé, au passage de l'Yonne, des obstacles que Lancastre juge insurmontables ? Lancastre comptait-il sur un pont ? Ce pont serait-il coupé ? Comptait-il sur un gué ? Ce gué aurait-il été rendu impraticable ? Hésiterait-il à s'engager dans la rivière avec son immense « charroi » en présence du Connétable que rejoignent Clisson et les ducs de Bourgogne et de Bourbon ? Leur troupe est inférieure en nombre à l'armée anglaise ; mais elle se compose, comme dit Froissart « de chevaliers et écuyers tous à élection (les meil-» leurs) du royaume de France et des plus subtils en » guerre » (2).

Or, Lancastre sait trop bien la guerre pour ne pas présumer que, le passage de l'Yonne fut-il effectué sans trop de

(1) Luce, VIII, p. C, note 1.
(2) Froissart. VIII, p. 169.

dommage, le Connétable le suivra dans l'Orléanais et arrivera avant lui au bord de la Loire, vers Gien ou Briare, c'est-à-dire au-dessous du confluent avec l'Allier, qui dédouble la Loire.

Marchant plus vite et droit devant lui au départ de Calais, Lancastre aurait prévenu du Guesclin, au passage de l'Yonne, vers Sens.

Lancastre prend son parti. Il ne passera pas l'Yonne ; il ira passer la Loire et l'Allier au-dessus de leur confluent, près de Nevers ; et, si les eaux d'automne grossissent déjà les deux rivières, il remontera, s'il le faut, beaucoup plus haut jusqu'aux confins de l'Auvergne.

Aussitôt, l'armée anglaise prenait cette nouvelle direction. Ce mouvement se faisait le 26 septembre puisque, le 27, le duc de Bourgogne, sorti de Troyes le matin, se portait à marche forcée sur Joigny, où il arrivait le soir même (61 kil. 15 lieues de Troyes). Il y rejoignait le Connétable et continuait avec lui la poursuite des Anglais (1).

A ce point, Froissart cesse d'être notre guide. Il se contente de donner des renseignements très précis, mais généraux, sur les opérations des Français qui poursuivent les envahisseurs et sur la détresse de ceux-ci. Mais un chroniqueur contemporain nous permet de suivre les Anglais jusqu'en Auvergne Il a établi, jour par jour, l'*itinéraire* du duc de Bourgogne, de Joigny à Clermont-Ferrant. Le duc commandait un des corps qui harcelaient chaque jour les Anglais ; et l'itinéraire indique ainsi non seulement la marche, mais, on peut le dire, les étapes de l'ennemi (2).

Nous pouvons donc nous mettre avec le duc de Bourgogne à suivre les Anglais, de Joigny à Clermont.

*
* *

Or, voici l'itinéraire du duc de Bourgogne : il est tracé en ligne presque droite, jusqu'à Decize (arrondissement de Nevers).

(1) Luce, p. C, note 1.

(2) Sur l'*itinéraire* ci-dessus, p. 4 et note 4.

Le 27 septembre, le duc est à Joigny (1) ; le 30, près d'Auxerre ; le 2 octobre, à Druyes (Auxerre) ; le 3, à Varzy (Clamecy, Nièvre) ; du 4 au 5, à Prémery (Cosne) ; du 7 au 9, à Decize (Nevers). De là, les Anglais suivent la Loire pour la passer à Marcigny (Charolles, Saône-et-Loire) ; là, tournant à gauche, ils traversent l'arrondissement actuel de Roanne, les 11 et 12 octobre. — Le 14 octobre, le duc de Bourgogne est à Cusset (La Palisse, Allier) qui touche Vichy.

C'est donc à Vichy que les Anglais ont effectué le passage de l'Allier. Si le régime de la rivière était, au XIVe siècle, le même qu'aujourd'hui, l'endroit était heureusement choisi. En effet, devant Vichy, l'Allier se partage en deux bras, que les Anglais auront pu passer l'un après l'autre.

Sur la rive gauche de l'Allier est l'arrondissement de Gannat, limitrophe du Puy-de-Dôme ; et la ville de Gannat (19 kil. de Cusset), est seulement à 9 kil. d'Aigueperse (arrond. de Riom). Le trajet de Cusset à Aigueperse, par Gannat (28 kil.) ne peut employer que deux petites journées. Les Anglais seront donc à Aigueperse, en Auvergne, le 16 octobre.

Quel étonnement quand on voit le duc de Bourgogne passer de Cusset à Saint-Pourçain (arr. de Gannat), à 24 kil. au nord de Gannat, et remonter jusqu'à Souvigny, à 20 kil. de Moulins ! Il est là à 60 kil. d'Aigueperse ; et sa présence à Saint-Pourçain et Souvigny ne peut s'expliquer que par la présence des Anglais dans le voisinage. Ajoutons que le duc sera à Aigueperse, le 31 octobre seulement. Les Anglais qui étaient à Cusset, le 14, ne sont donc arrivés que vers le 31 dans cette ville distante de Cusset de 28 kilomètres. Personne ne dira qu'ils ont mis deux semaines à faire 28 kilomètres, à raison de 1,800 mètres par jour.

Ces constatations autorisent à se demander si Lancastre n'aurait pas tenté de se frayer un passage vers Montluçon pour entrer dans la Marche et parvenir de là en Périgord. Il

(1) J'indiquerai les noms des chefs-lieux d'arrondissements actuels où se trouvent les lieux marqués sur l'*itinéraire*.

aurait eu une route plus courte et il aurait évité les défilés des montagnes d'Auvergne (1). Double et sérieux avantage !

Une seule explication est possible : le Connétable et les chefs qui exécutent ses ordres ont empêché les Anglais de prendre la route de la Marche et les ont ainsi contraints de prendre celle de l'Auvergne qu'ils laissent ouverte devant eux, et où ils vont les suivre. Mais, quelles habiles manœuvres ont amené ce résultat qui va être décisif ?... C'est ce que personne n'a encore révélé (2).

Le 3 novembre, le duc de Bourgogne était à Riom ; le 5, il venait coucher à Clermont où il restait jusqu'au 9. Ce jour, quittant la poursuite des Anglais commencée par lui, le 9 septembre à Soissons, il partait pour Paris.

Le 2 décembre, il rendait compte au Roi.

*
* *

D'Aigueperse jusqu'à Sarlat, nous sommes renseignés par Froissart et surtout par son érudit commentateur.

Arrivés à Aigueperse, le 31 octobre, l'armée anglaise trouva l'ancienne voie romaine « qui contournant le massif du Puy-de-Dôme conduisait, de temps immémorial, par la vallée de la Dordogne, en Limousin et en Périgord (3) ».

Les Anglais prennent cette route ; mais, avant d'être en plaine, vers Ussel, ils ont perdu une grande part de leur convoi : « Voulez-vous des nouvelles de leur charroi ? dit » Froissart, les voici : ils n'en garderont pas le tiers, faute de » chevaux valides, ou parce qu'il n'a pu passer dans les

(1) De Montluçon à Saint-Yrieix, à l'entrée du Périgord, la route par Aubusson n'est pas longue de 50 lieues. De là, à Bergerac, il n'y en a pas 25. En tout, moins de 75 lieues. — La route, par l'Auvergne, de Gannat à Bergerac, est de plus de 100 lieues, et bien plus difficile.

(2) Il est à regretter que l'ingénieux éditeur de Froissart n'ait pas pris garde à ce *crochet* singulier marqué dans l'itinéraire du duc de Bourgogne. Cusset (14 octobre), Saint-Pourçain (19 octobre), Souvigny (20 octobre), Aigueperse (31 octobre), à 28 kil. de Cusset ; et qu'il n'ait pas recherché l'emploi de ces quinze journées.

(3) Luce, p. CI, note 1.

» défilés des montagnes (1) ». Or, le charroi renfermait les vivres ; et, jusqu'à leur arrivée en Périgord les Anglais traverseront un pays pauvre ; du reste fût-il plantureux comme la Picardie et la Champagne, comment pourraient-ils fourrager, sans cesse harcelés à droite et à gauche ? La détresse de l'armée est telle « que les plus grands seigneurs sont parfois » cinq ou six jours sans manger de pain (2) ».

Ce n'est pas tout. L'hiver est venu prématurément. Le froid se fait cruellement sentir. Or, les Anglais passent les nuits longues, froides et pluvieuses dans les champs, tandis que les Français, reçus dans les forteresses ou les villes, se reposent pour reprendre la poursuite au point du jour.

Pourtant, en Limousin, Lancastre parvient à obtenir la soumission d'un seigneur et l'entrée des villes de Tulle et de Brives-la-Gaillarde (deuxième quinzaine de novembre) (3). Mais il ne pouvait s'arrêter là : il fallait marcher en avant.

Lancastre s'obstine en sa seule espérance, une bataille. Il ne l'aura pas ! Il envoie héraut sur héraut proposer le combat, le Connétable le refuse. Si Lancastre s'arrête et fait face, il ne trouve plus personne à qui parler. S'il engage au moins une escarmouche, les Français tournent bride. Telle est la consigne donnée par le Connétable. Sur la fin, quand il a 3,000 lances, environ 9,000 hommes sous la main (4), il s'obstine à ne pas engager un combat : il laisse à la faim et au froid le soin de détruire l'ennemi.

L'insuccès avait, semble-t-il, mis Lancastre en méchante humeur. Ainsi s'explique la mauvaise querelle qu'il fit à Jean IV. Sachant le duc sans argent, il lui demanda impérieusement la solde de la moitié de l'armée. Le duc le supplia d'en faire l'avance, offrant toute garantie de remboursement.

(1) Froissart, p. 171.

(2) Luce, p. CII, Froissart, p. 170.

(3) Après avoir puni le seigneur allié aux Anglais, le roi lui fit grâce (juillet 1374). Il accorda rémission à Tulle (mars 1374) ; mais Brives résista, et le duc de Bourbon dut la prendre d'assaut (fin de juillet 1374). — Luce, p. CII, note 1.

(4) Froissart, Luce, t. VIII, p. 170. « Ils estoient poursiévis, sur la fin de leur chevaucie, de plus de trois mil lances. »

Lancastre, n'écoutant rien, somma Jean IV de quitter l'armée. Cette scène se passait entre Brives et Sarlat (1).

Ici nous suivons Guillaume de Saint-André. Dans sa *Vie* en vers de Jean IV, le panégyriste donne l'itinéraire du duc, et en même temps, sans aucun doute, celui de l'armée anglaise. Nous allons voir, en effet, le duc de Bretagne prendre la route qu'il savait devoir être suivie par Lancastre.

Jean IV fit l'appel de ses Bretons : il en restait soixante, et il se retira avec eux, son fou, nommé Brient, et un « ménétrier » muni de sa cornemuse; il n'avait même pas sa bannière, mais un simple pennon. C'est avec cette poignée d'hommes mal montés, exténués, affamés, qu'il lui faut marcher en pays ennemi.

Jean IV n'était pas pour rien fils de sa mère (2). Sans s'étonner, il rassure sa petite troupe. Il faut, dit-il, marcher en avant, « en coureurs » de l'armée. Si nous sommes attaqués, les Anglais nous porteront secours (3) ». — Il a, d'ailleurs, un motif personnel de se tenir à cette place. C'est que du Guesclin et Clisson assaillent chaque jour les

(1) Daru (*Hist. de Bretagne*, II, p. 153-54), dit que « à peine débarqué... Lancastre pria Jean IV de se séparer de l'armée. » Cette *sommation* et non *prière* ne se fit pas en ce moment. C'eût été folie, de la part du duc, de ne pas retourner à Calais.

Luce (VIII, p. CII, note 2), dit que Jean IV « s'étant séparé du gros de l'armée avait pris les devants ». Ces expressions ne laissent pas soupçonner l'ordre injurieux donné par Lancastre.

Luce ajoute : — « Leur querelle eut sans doute aussi pour cause l'occupation (par Lancastre) du Limousin sur lequel, Jean IV (de Montfort) élevait des prétentions ». — La vicomté de Limoges était entrée dans la maison de Bretagne par le mariage d'Arthur II, avec Marie de Limoges (1275); mais le traité de Guérande (Lobineau, *Pr.*, p. 512), qui avait reconnu Jean de Montfort pour duc avait attribué, ou mieux reconnu, Limoges à Jeanne de Penthièvre; et Jean IV n'avait et ne réclamait aucun droit sur la vicomté.

(2) M. de la Borderie, *Hist.*, p. 31.

(3) Etait-ce bien sûr quand Lancastre les chassait de l'armée anglaise ? — Mais ceci nous démontre que la route prise par Jean IV, était celle que Lancastre allait suivre.

derrières de l'armée : c'est eux surtout que le duc doit éviter : il ne faut pas qu'ils s'aperçoivent de son départ. — Mais l'armée anglaise avance trop lentement : le duc va être contraint de s'éloigner d'elle et de marcher au plus vite : dès les premiers jours, il court un sérieux danger.

C'était auprès de Sarlat, à l'entrée du Périgord. Le duc marche en avant accompagné de son fou, Brient, de son ménétrier, de celui qui porte son pennon et de deux hommes d'armes. Le reste de la troupe est assez loin derrière. Du haut d'une colline, le duc aperçoit dans la plaine un corps de trois cents Français bien montés. Fuir, c'est montrer sa faiblesse. Le duc attaquera ; mais, au moins, lui faut-il tout son monde. Il envoie son fou chercher les autres. Le fou leur crie que le duc est aux prises avec trois cents hommes, ils arrivent en hâte. Aussitôt le duc : « Il nous faut ici vaincre ou mourir ! Faits prisonniers, nous serions mis à mort à Paris. Recommandons-nous à Dieu et nous sommes victorieux ». Le pennon aux hermines de Bretagne flotte au vent, le ménétrier souffle dans sa cornemuse. Le duc et ses hommes descendent la colline au cri de *Malo* et *Bretagne* (1). Les Français ont reconnu les hermines ; ils s'arrêtent : ils se disent que le duc doit être bien accompagné et ils se retirent prudemment « plus vite que le pas ». Jean IV les laisse aller, dit l'historien et remercie Dieu (2) ».

Voilà ce qu'était le titre de duc de Bretagne même porté par un duc sans duché !

(1) Guillaume de Saint-André. Lobineau, *Pr.* p. 720.

Les Français les firent viser (A)
Affin qu'ils pussent s'aviser
De les combattre en celle place ;
Jehan leur fit une grimace ;
Descendu estoit là à pié :
Droit aux viseurs s'est arresté,
Et s'en va criant comme un Turc :
Malo, Malo au riche duc !
Ses gens crioient à plaine gorge
En courant après li : *Saint-Georges* !

(2) Lobineau. *Hist.* p. 410 et *Pr.*, p. 721.

(A) Envoyèrent des éclaireurs pour les reconnaître.

Jean IV évite Sarlat où est une garnison française : il passe la nuit dans une vigne, pouvant à chaque heure être attaqué, et n'osant se désarmer. De là, sans autre incident, il arrive à Limeuil où est un pont sur la Vézère. Il obtient, non sans peine, le passage du pont, à la condition qu'il donnera « une sauvegarde pour le pays », c'est-à-dire l'engagement de respecter personnes et propriétés ; le duc tient fidèlement sa promesse ; les Bretons passent, et les habitants sont trop heureux de les voir hors de chez eux (1).

Entre Limeuil et Bergerac se trouve la ville de Lalinde. Les habitants refusent le passage ; ils refusent même des vivres que le duc offre de payer non en monnaie, qu'il n'a pas, mais avec sa vaisselle d'argent. Il n'y a plus qu'une ressource pour ces hommes affamés, prendre la ville ; ainsi font-ils et ils y restent trois jours pour se reposer (2).

Quelques jours après, ils sont accueillis à Bergerac encore ville anglaise, munie de fortes murailles et ayant une nombreuse garnison.

Il est vraisemblable que l'armée anglaise suivit la même route que Jean IV par Sarlat, Limeuil, Lalinde, vers Bergerac. Elle marchait ainsi sur la rive droite de la Dordogne ; une fois la Vézère franchie au pont de Limeuil, les Anglais étaient en terre encore anglaise et à quinze lieues seulement de Bergerac.

Il est permis de douter que du Guesclin ait passé la Vézère à Limeuil après les Anglais. S'il est vrai qu'il eût alors à ses ordres plus de 3,000 lances, soit environ 9,000 hommes, il aurait eu plus de monde que Lancastre ; mais Lancastre pouvait appeler à lui les garnisons des places voisines et les partis anglais qui couraient le « plat pays ». Du Guesclin savait

(1) Saint-André dit un *sauf-conduit* (pour rimer avec *déduit*). Lobineau (p. 410) a écrit *sauve-garde*. C'est le mot propre. La preuve c'est que Saint-André ajoute : « Ils (les habitants) se tinrent à bien poyés — Quand outre les virent passés ».

(2) On lit dans une petite histoire de Bretagne, p. 94. « Jean IV réussit à traverser toute la France, faisant avec sa troupe bretonne, des prodiges de valeur, prenant même d'assaut des châteaux et des villes ».

C'est exagérer les exagérations de Guillaume de Saint-André.

d'ailleurs qu'il n'est pas sage de réduire des braves gens au désespoir. Le moindre échec pouvait devenir fatal aux Français ayant à dos la Vézère et la Dordogne et devant eux les places anglaises.

Ainsi s'explique que du Guesclin, réservant ses troupes pour une autre campagne, ait laissé ce qui restait de l'armée anglaise suivre sa route jusqu'à Bordeaux.

Lancastre amenait à Bordeaux moins de 6,000 hommes, et en quel état ! Beaucoup allaient être réformés ; tellement que Lancastre en embarquait un grand nombre, et non des moindres, pour l'Angleterre où ils allaient mourir (1).

Nous n'avons pas nommé le duc d'Anjou au nombre des officiers qui poursuivaient les Anglais. Après le conseil de guerre tenu à Paris, au commencement de septembre, le duc était retourné en Bretagne. A la fin d'octobre seulement, il allait revenir à son gouvernement du Languedoc, en faisant un détour par Lyon et Avignon. Il était à Toulouse, le 8 janvier 1374. Il allait employer l'hiver aux préparatifs d'une expédition en Haute-Gascogne.

Pendant ce temps, du Guesclin qui, avant le mois de juillet 1373, avait perdu sa femme, Typhaine de Raguenel, épousait, à Rennes en janvier, Jeanne de Laval-Châtillon, dame de Tinténiac, fille unique du seigneur de Châtillon-en-Vendelais, en Bretagne, et de Meslay, Montsurs, etc., au Maine. En mars, il rejoignait le duc d'Anjou, à Périgueux ; là, par l'entremise des légats, une trêve était convenue jusqu'à la fin du mois d'août.

Lancastre et le duc de Bretagne allaient profiter de la trêve pour retourner en Angleterre. Lancastre y allait chercher une autre armée pour remplacer celle qu'il avait perdue.

(1) Par exemple Edouard Spencer, connétable de l'armée qui mourut à Cardiff au mois de novembre 1375. V. Froissart-Luce, p. CIII, note 2 ; et p. 171. « Des bons chevaliers y conchurent des maladies dont ils morurent depuis, et, par especial le Connestable de leur ost, le Sire Dispensiers, qui fut moult plains et moult regretés... car ce fu un gentiltz cœrs et vaillans chevaliers, larges et courtois. *Diex li face bonne merchi* ». Ci-dessus, p. 4, note 2.

Libres de toute préoccupation du côté des Anglais, le Connétable et le duc d'Anjou, accompagnés de Clisson, du vicomte de Rohan, du sire de Laval, du sire de Beaumanoir, et, à la tête d'une armée dans laquelle étaient mille lances « de purs bretons (1) », allaient faire une expédition dans la Haute-Gascogne, et contraindre le comte de Foix à reconnaître la suzeraineté du Roi de France.

*
* *

Telles furent les principales circonstances et les plus proches conséquences de cette campagne de 1373, « aventure extraordinaire et glorieuse », comme dit le biographe de du Guesclin.

Sans abaisser la gloire du Connétable, il est permis de dire que Lancastre prépara le succès de son adversaire. Lancastre partait de Calais, le 3 août, à l'époque de l'année où les eaux des rivières sont basses. Supposez le marchant sans s'arrêter que, de temps en temps, pour prendre un jour de repos, mais non pour piller ni pour assaillir des places qu'il ne prendra pas : après un mois de route, il pouvait avoir passé l'Yonne, à Sens (120 lieues de Calais), avant l'arrivée de du Guesclin. Douterait-on de la possibilité du passage, du moins faudra-t-il reconnaître qu'il pouvait être à Sens, le 6 septembre au lieu du 26.

S'attarder, comme il fit, en cette partie de sa route, c'était donner à du Guesclin le temps d'arriver.

Quand il est devant Sens, Lancastre a perdu à peine un millier d'hommes. Comment du Guesclin a-t-il déterminé le brusque recul de l'armée anglaise vers le Sud ? C'est ce que nous ne savons pas.

Il serait encore plus curieux de savoir par quelles manœuvres, après le passage de l'Allier, le Connétable a pu contraindre les Anglais à prendre une route plus longue par les montagnes de l'Auvergne, au mois de novembre, sous la menace de l'hiver.

(1) Froissart-Luce, VIII, p. 172.

Cette « aventure extraordinaire » est autrement glorieuse que, par exemple, la victoire par surprise de Pontvalain. Or, il n'est pas un historien qui ne célèbre Pontvalain, et qui conte avec quelques détails la campagne de 1373 ! Pourquoi ? Parce que dans cette série d'engagements reproduits apparemment chaque jour, pendant plus de deux mois, de Sens à Sarlat, pas un ne mérite le nom de *bataille*.

Or, supposez du Guesclin ayant à ses ordres une armée double de celle de Lancastre, 30,000 hommes. Supposez, par impossible, dans une seule bataille, les Français tuant ou faisant prisonniers 10,000 hommes et en laissant 6,000 à peu près hors de service — c'est le résultat de la campagne de 1373 — les historiens célébreront un tel succès ; et il fera l'admiration de la postérité... Mais, de quel prix la France aurait-elle payé cette destruction de l'armée anglaise ?

Du Guesclin a bien plus utilement servi la France, quand il a obtenu avec si peu de monde ce résultat « extraordinaire », sans s'engager une seule fois en bataille rangée, et en réservant ses troupes pour une autre campagne. Mais, cet heureux succès fut le prix d'efforts patients, on peut dire modestes, dont pas un n'a eu le retentissement d'une grande et sanglante bataille, et cette utile campagne est comme oubliée. Est-ce ainsi que l'histoire devrait dispenser la gloire ?

Soyons justes. Pour un général, ruiner l'armée ennemie, sans engager la sienne, n'est-ce pas le chef-d'œuvre de l'art ? L'histoire romaine nous montre une fois ce spectacle. Après une terrible défaite, Fabius, nommé dictateur, commande en chef ; pendant six mois il amuse Annibal sans livrer bataille, et l'armée carthaginoise est épuisée. Les Romains admirent cette tactique, et honorent le dictateur du surnom de *Cunctator* (*Temporisateur*).

Du Guesclin n'a pas fait autrement. Après de sanglantes défaites, il évite une affaire générale. Pendant trois mois il harcelle l'armée anglaise en retardant chaque jour sa marche, et il la réduit à rien.

Jeanne d'Arc disait : « Quand je vois couler le sang français, les cheveux se dressent sur ma tête ». Les mères du XVe siècle (comme celles de tous les temps) ne parlaient pas autrement.

C'est pourquoi la campagne de 1373 dut rendre du Guesclin encore plus populaire.

Et pourtant, avant même d'être Connétable, il était, lui Breton et condottière étranger dans l'armée française, l'homme le plus populaire en France.

En 1370, à la prière du Roi, il revient d'Espagne. Il apprend que les Anglais, inquiets de son retour, essaieront de le prendre sur la route du Limousin à Paris. Il part, lui huitième, et déguisé en marchand. Il arrive sans encombre.

Au bruit de son arrivée, les bourgeois remplissent les rues, poussant le cri joyeux de *Noël ! Noël !* et, quand il va saluer le Roi, à l'hôtel des Tournelles, il est entouré d'une foule criant : « Vienne à la bonne heure le fameux Bertrand ! Les maux de la France vont finir ! (1) ».

C'est-à-dire les Anglais vont être chassés ; et, avec du Guesclin, cette espérance était permise... si un acte du Roi lui-même n'avait mis obstacle aux succès du Connétable.

Du Guesclin avait conquis la Saintonge, le Poitou, une partie de la Guyenne ; après une heureuse expédition en Normandie, il allait se jeter sur le Bordelais. Entre temps, il avait chassé de Bretagne, moins de Brest, les Anglais de Jean IV, qui avait fui en Angleterre.

Un arrêt du Parlement déclare la Bretagne réunie au royaume (18 décembre 1378). Pourquoi ? Parce que Jean IV, abandonnant le trône et n'ayant pas d'enfant, la Bretagne est sans maître. Erreur ! A défaut des Montfort, le traité de Guérande appelle au trône les Penthièvre sur lesquels le Roi et la France peuvent compter.

Du Guesclin est envoyé en Bretagne pour exécuter l'arrêt du Parlement, c'est-à-dire pour conquérir le duché. Honni par les Bretons soulevés, repoussé par ses amis et sa famille, il comprend sa faute, il la répare en travaillant à la paix (2) ; mais il se croit suspect aux Français ; il court rendre l'épée

(1) Hay du Chastelet, p. 186.

(2) Pour quelques détails, *Les quatre Sépultures de Du Guesclin*, *in fine*. J'ai répondu à ce mot, dit de du Guesclin à l'inauguration de Dinan : « ..... Il étouffa le breton en lui, à cette pensée royale... où s'élaborait l'unité française ».

de la France au Roi ; à la prière de Charles V, il la reprend : à une condition pourtant, c'est qu'il n'ira plus servir en Bretagne.

Mais il l'a dit au Roi : « Mon aigle ne vole plus ! Vous lui avez arraché ses pennes ». Plus n'est question de chasser les Anglais de Bordeaux, ni de porter la guerre en Angleterre !. Le grand Connétable s'en va tristement assiéger une bicoque perdue au fond du Languedoc. Il y meurt de maladie sinon de chagrin (13 juillet 1380). Charles V le traitant en roi ordonne sa sépulture à Saint-Denis, auprès de la place marquée pour lui-même. Deux mois après, le Roi vient rejoindre le grand Breton qui l'a si bien servi ; mais qui l'aurait servi mieux encore si Charles V, démentant pour une fois son surnom de *Sage*, n'avait un jour chargé le Connétable de faire la guerre à la Bretagne.

SAINT-BRIEUC, IMPRIMERIE FRANCISQUE GUYON, RUE DE LA PRÉFECTURE.

www.ingramcontent.com/pod-product-compliance
Ingram Content Group UK Ltd.
Pitfield, Milton Keynes, MK11 3LW, UK
UKHW020949220726
13924UKWH00002B/583